여름아 애썼다

홍기선 시집

시와사람

홍기선 시집

여름아 애썼다

2021년 1월 5일 인쇄
2021년 1월 15일 발행

지은이 | 홍기선
펴낸이 | 강경호
인쇄 · 기획 | 도서출판 시와사람
등록 | 1994년 6월 10일 제 05-01-0155호
주소 | 광주시 동구 양림로119번길 21-1(학동)
전화 | (062)224-5319 팩스 | (062)225-5319
E-mail | jcapoet@hanmail.net

ISBN978-89-5665-584-0 03810

값 10,000원

*잘못된 책은 바꾸어 드립니다.

공급처 ■ 한국출판협동조합

경기도 파주시 탄현면 오금리 202번지
주문전화 (02)716-5616, 070-7119-1740

여름아 애썼다

이 도서의 국립중앙도서관 출판예정도서목록(CIP)은 서지정보유통지원시스템
홈페이지(http://seoji.nl.go.kr)와 국가자료종합목록
구축시스템(http://kolis-net.nl.go.kr)에서 이용하실 수 있습니다.
(CIP제어번호 : CIP2020055336)

■ 시인의 말

순간 스치는 아름다운 말들을 기억하고 기록하지 않으면 사라져버릴 것 같아 그 언어들을 잡아서 꿰매어보려 했습니다.

흔적은 남기기 위해 그 자리에 있는 공간입니다.

나만의 공간이 얼마큼인지 알지 못하면서 나의 흔적과 공간을 만들려 애를 썼습니다.

체험과 상상을 바탕으로 형상화시켜 완성도를 높이고자 했으나 아직은 미흡합니다.

이 책을 내기 위해 관심과 배려를 해준 여러분에게 감사함을 전합니다.

2021년 1월
홍기선

차 례

2 사랑한다는 것은

3 억새의 집

4 10분의 생각

1

긍정의 사과

긍정의 사과

긍정하는 이는 큰 사과를 먹는다

정상에서 내려오는 이에게 다 왔어요? 하자
예, 이 고개만 넘으면 돼요
앞서 올라가는 이에게 예쁜 귀 만들어
밝은 눈으로 볼 수 있게 해 주는데
아픈 아이가 이 약은 써서 먹지 못한다고 하자
한 번만 먹으면 넌 머리가 안 아파!
그러자 울먹이다 꿀꺽 삼킨다

잘 살아 왔잖아
미래는 너의 것이야 라고 최면을 걸자
부정이 긍정을 말하고
마음의 저울추 평정이 와서
기울던 바늘이 눈금을 찾는다

불안과 공포가 요동쳐도
긍정의 사과 한 알 있으면
감정의 근육을 단단하게 매어
미소가 번지고 고개를 끄덕인다.

푸른 아침의 생각처럼 오후에도

새벽 산책길
상큼한 기분을 어디에 담아야 하나
가슴이 펴져 몸이 새털이 된다

초심의 공기를 걸치고 집을 나서다
웅장한 건물에 들어서면
얼굴들이 아침을 밀어낸다

의자에 굳어지는 몸
다루기 어려운 목소리와 표정이
휴대폰 소리로 들어가
옆 사람 얼굴을 보고 손이 굳는다

화살처럼 오가는 말 사이
눈빛은 화살을 쏘아낸다

색안경을 쓰고 다니는
사람의 마음 알기가 어려운 것처럼
아침의 신선한 공기가
저녁에도 같은 느낌으로 하루를 보내는 것은
보석이 들어있는 운 좋은 날 커피.

눈사람

흐르는 눈물엔
나 없이도 잘 살 수 있지? 라고
묻는데 대답이 없고

보고픈 사람이 와서 웃어주는데
다가가지 못하고

아픈 사랑이 손을 만져 주다가
슬며시 빠져 나가면 마지막까지 지켜주는 울음

잠시 뭉쳤다가 흩어지는 길가의 잔설이
제 할 일 다하고
조용히 누워서 제 갈길 가다 보여주자고
저리 웃고 있는데

까만 검덩이로 날이 새면 작아지는
몸짓이 추억으로 작아지는 뒷모습
삼일의 행복을 넘는 너의 얼굴

알았다 너로 인해 기쁨도 잠시라고
안경이 내려지는 것을.

비누의 미소에

90평생 열심히 살았지요
아름다음과 향기를 위해 살았지요

이름을 남기진 못했지만
얼굴엔 미소를 남겼지요

손과 얼굴 챙기며
성실하게 마음공부를 하였지요

하루에 두 번은 꼭 보았어요
미소와 환희를
그래요
태어나 깨끗하게 해주는 것 멋이지요

만지고 비비고 흔적을 지우는 게 쉽지 않다는 걸
씻고 씻으면 개운해지는
새로운 식구가 오면 손에 안기는 맛

흔적도 없이 사라지는 미소여
지상에서 없어질 때.

끝없는 소리들에 내가 들어간다

어디를 가나 공간의 소리
어느 문장에 무엇을 새기려 달려가는 것인지
진짜 속은 어디를 가고

소리로 뭘 하려는가
조용한 눈이 바퀴를 밀어낸다

또 한 무리 지나가는 흔적 소리들
아픈 친구를 만나려 왼쪽 발바닥을 누르다가
지그시 오른쪽 발바닥을 조절하여
위반을 반납하고 음악을 본다

왔다가 떠나는 소리 부딪치는 길 위에
달리는 동사 하나
성큼 엄마를 따라서 신호를 발로 민다
소리를 들으려고 허리를 굽혀 다리를 주워요
빈 소리 빈껍데기만이 발 위에서 넘쳐난다

오늘은 듣기만 하고 있어요
소리가 지나가는 것을 보았어요
내일은 소리가 아닌 움직임을 들어야겠어요

〈

찢어지는 소리에 실려 아직 나의 정체를
알지 못하고 있는 나.

ㅅ의 시작

여름 빨래가 물기를 내려놓는 것은
물을 사랑하기에 돌려주는 것이다

지네의 발들도 손이 부지런함을 안다

궁둥이를 움직이려면 시작이 있어야 한다
시작도 시옷으로 시작한다

시인이 삼겹살을 먹는 것은
일반인이 돼지 한 마리 먹는 셈이다
삼겹살 먹는 것이 어려워서가 아니라
기회가 적어서이다
시인도 삼겹살도 시옷의 시작이니
뭔가 해야 하는 시옷이다.

사랑, 손, 시작, 시인, 삼겹살,
사람, 섬에는 시옷이 있다
ㅅ
ㅅ
ㅅ.

가을이 보이면

오른 손을 주머니에 넣고 자크를 목까지
올려서 감정을 가져 본
낯선 젊은이의 엄지 척 가죽잠바

이사 9번, 늘 장롱에 걸려 동시대를 걸친
입을 때 마다 보는 눈이 둥그렇다
가을이 되면 1년에 한두 번

월부로 산 잠바의 월부 낸 긴 종이가 아까워
젊은 시간에 머물러 있고
찍은 사진을 보고 흘려버린 날들을 새기며

세월을 품고 작지도 크지도 않은 갈색 잠바,
흐리고 발광하는 그림에서 떨어진 채 명산(名山)에
끌고 다닌 시간까지 차마 떠나보낼 수 있나

낡은 갈색 누가 알아줄까
이 길 끝에서 헤어질 때
걸음걸이 해적일 때 한번은 입어 봐야지.

운림산방

점찰산 안개 드리우니
연못을 안고 있다

상록수림은 삼림욕 거듭나고
초가집과 돌담은 옛정 되어
소치 선생 불러온다

배롱나무 붉은 얼굴 연못에 부비니
보름달 백련꽃 다가와 웃음으로 반긴다

소나무 아래서 낮잠 보듬고
약수물 소리 귀 기울이면 새소리 어깨에 앉는다

초록 초록한 색상은 처마 끝에서 붓을 세우니
시서화로 답을 한다

이백 년 똬리 틀어 나그네 걸음 멈추게 하는 곳
주인은 어디가고 정신만 남았다.

뭘 생각하지

옥상에 널어놓은 빨래가
비행기를 보며 문자도 만들고
축축해진 살을 뽀송뽀송해지게 바람은 친구가 된다

걸친 몸을 던져버리고
원시인의 시원함을 가져 보고자 집게를 벗어나
훨훨 날다가 어느 연못에서 몸이 다시 젖어 옥상에
팔을 괴고 뭉게구름 바라보고 있다

옥탑방 개그맨과
대화를 하다가 한쪽 팔만 날려서 아파와도
내일 발표할 것에 몰입하는 동안
베란다에서 차 소리만 종일 듣다가
TV 소리도 듣는다

어느 효도 따님, 건조기를 사오니
힘든 일상과 이별을 고하게 하고
옥상에 있는 산들바람 친구를 볼 수 없다.

한 번의 역할

접시를 빚다가 하늘을 보면
흐려졌다가 산이 보인다

도자기를 굽는 도인의 바램은
청와대가 아닌 구중궁궐이다

접시하나 물 받침으로
낮은 자세 드리우고

탄생은 같은데
고급레스토랑 요리에
이 접시는 물 받침이요

일주일에 한 번씩은 물을 받으면
역할이 끝나는 자리

물 빠짐으로 꽃이 빛을 받으면
이 生 역할은 끝나 구름 위로 햇볕

꽃잎이
수고했다 말하리니.

알라딘 램프

거리는 낯설어 간판들은 세월을 넘기고
책의 뒷장에 연필로 남긴 정서가 깊다

귀한 중고 책이 새 책의 3분의 1 이라는 말에
몇 권을 들고 집에 오니
앵두를 망태에 가득 담은 품이 된다

보았던 이들의 향취는 안 보이고
향숙이 생일을 축하해 라는 글씨와
딸의 합격을 바라는 기도가
선명한 자국으로 일어서고 있다

거리에 있던 책방들 골목으로 깊숙이 들어가
한 자 한 자들이 거리로 풀려나와
알라딘* 램프에 들어가 새 세상을 맞는다

읽고 간 문장들이 살아서
삶의 경건함을 만들고 램프에서 나온 선녀들은
별이 돼서 하늘에 오른다.

*알라딘 : 중고 책 서점

꽃 그림

캔버스 위에 수많은 감정과 사유를 찍는다
시간이 쌓인 손의 동작이 올려지고
수천 개의 붓자국을 남기면
마음이 앉아서 그림을 끌어들인다

노란 한 송이가 다가와 먼저 인사를 하면
앉아서 살피다가 이내 붓을 들어 손을 탓한다

한 해에 한 번 왔다가는 순간이고
한 송이 꽃도 다 달라서
같게 그릴 수 없어 다른 느낌을 담는다

명제를 명제로 전달하려 하지만 와 주질 않고
변화를 가지고 언제 올까하는 의문을 던진다

신의 선물을 보는 눈이 시려
손에 잡히지 않는 물감들의 색상이
인간의 모습에 다가가라는 말이 귀에 쟁쟁하는데
가야할 길이 너무 멀어 붓끝이 잘 들어주지 않아도
누구에게 탓하려 하지 않는다.

원본 인생

어디에 몸을 맡길 것인가
행운을 바라지는 않습니다
미래를 축지법으로 만들지요

자연산 위스키를 7일 만에 재현하지는 않아요
편집된 시간을 탐닉하지 않아요
보여주기 식으로 살지도 않아요

깜깜한 밤 고독의 정밀함을 밀고
바람의 이랑을 찾습니다
햇빛이 친구들로부터 멀어져 간 사이
리얼타임으로 몸을 움츠리죠
최대한 작게 물총새처럼
민들레는 공중에 몸을 싣습니다

정적은 고요를 멈추게 합니다
무채색 물감이 퍼지듯이 씨앗하나
바람이 포식하여 북상을 합니다

한 번의 도약이 시한폭탄처럼
자궁의 품에서 튀어 나오죠

〈

긴 여정으로 강과 들판을 지나
열두 달을 기다립니다

발밑에서 새로운 눈이
바람과 달빛의 색깔을 일깨웁니다.

각자의 색

아침 거리엔 여러 행렬이
제 갈 길을 간다

얼굴에는 검은색과 흰색이 씌워져
눈을 껌벅이며 길을 재촉한다

푸른 들판의 배추들 갈색의 낙엽
노란색의 단감이
제 삶을 다하고 길을 간다

유럽의 지붕은 주홍색
여행객에게 안락함을 이국 향으로 제 역할을 한다

추운 날에는
분홍색과 노랑의 따뜻한 색이 온 몸을 감싸고
제 길을 가는 부드러움을 준다

내 앞에 놓인 여러 가지 색들이
푸근함과 차가움을 줄 때 그 속으로 들어가
나의 역할들을 들여다본다.

○○○은 두 글자입니다

눈이 펑펑 내리는 아침에
첫길을 내며 집을 나갑니다

윗옷 안쪽엔 구멍이 숭숭 뚫린
런닝구 작은 구멍들이 열을 만들고 있습니다
인기척 없는 사무실 등을 켜고
쓰레기통을 비우고 화장실 청소를 합니다
2시간 동안 일을 하니
창문이 밝아 오고 나무들은 눈을 뜹니다

아이들은 일어나 옷을 입고 세수를 하고
밥을 차려먹고 새순 같은 손들이
책들을 챙겨들고 학교로 향합니다

오후가 길게만 느껴집니다
아이들은 스스로 간식을 먹습니다
숙제도 스스로 합니다
기다리다 잠이 듭니다.

*아이들은 희망입니다 부모님은 희생입니다.

떠나면

아침 새소리만 있는 줄 알고 무관심으로 대했는데
조용함 있거니 하고 들리던 것들 없어서
허전함만 있는 줄 알던 때 돌덩이 하나 들어가 있더라

무심히 들리던 목소리가 친구라고 생각하면
모르는 얼굴이 앞에 있더라

떠난다는 것 알고 준비 했었는데
긴 그림자 서 있더라
그림자 길어져 밟지 못하고 서성이는 사이
먼지만한 빈자리 속에 티끌처럼 움직여서
가시로 앉더라

떠나면 가슴에 채워지는 것이
불덩이가 되더라

물 한 방울로 바다가 만들어지고
새로운 시작이 되면 가슴에 불이 펴지더라

그림으로 그려보고 싶을 때
보는 것이 최상이더라.

환생(還生)

여행, 이제 끝이 났나요?

거실에서 안방으로 안방에서 작은방으로
신문을 보며 화장실 여행을 해 보는 겁니다

여행을 하기 위해 태어난 우리
상상의 여행
혼자만의 언택트 여행

출국 수속을 하고 기내식을 먹고
두 시간 비행기를 타고
착륙 하지 않고 다시 돌아오는 여행

경험이 자산이라지만 꼭 거기, 여행지까지

여행 하는 척
컴퓨터 자막에 베르사유 궁전을 쳐 봅니다
화면에 궁전이
가서 보는 시대는 네로 황제의 이야기.

낯선 순간

하얀 종이가 날개를 퍼덕이며
노을을 따라 날아오르면
비브라토는 바이올린을 탄다

낯선 곳에서 새로운 일상의 점을 찍고
섬들을 바라보면 서로의 어깨들이 마주하고
걸어가는 친구들처럼 정겨운 미소가 있고

햇살의 눈부신 바람의 서늘함이
높은 구름은 풍선에 선을 긋고
바이브레이션을 만들더니 바다소리를 먹는다

비행기 안에서 들리는 소리를 따라가
함께 놀다 어느 곳에 안착하는지 아래를 내려다본다
착륙할 수 없는 상공에서 월광 소나타와
차이콥스키 협주곡에 젖어든다

땅을 디딜 수 없는 육신들의 눈은
환호에 짧은 탄식에 꿈인 양 문에 귀를 열고
보이지 않는 미생물들이 바이올린 현에서
선곡을 하고 웃음을 띤다.

선한 거짓말

진짜 뉴스와 가짜 뉴스가
하루에도 수천 건이 타전된다

길가에서 만난 오랜 친구
젊을 때 그대로네!
잘 살았지? 몇 년 만이야!
그래 이젠 자주 만나자!
언제 한 번 식사하자!

선한 말들이 히잉~
신호등에서 친구를 보낸다

진짜 말은 속뜻을 알고
세월이 흘러 또 길가에서 만날 것을
파란 하늘이 구름들을 몰고 가면서 웃는다

내일 점심 먹자!
전화기 너머에서 들려오는
친구의 참말이 거짓말이다.

아침 풍경

하늘의 은빛 날개 작은 점 비행기
남쪽으로 꿈 하나 떨어뜨리고

사거리 소나무 위에서
까치 두 마리 사랑싸움 반복하는
소설(小雪)의 빛을 내 웃고

아이들 실으려 온 노랑 승합차
호호 입김 내며 내일을 싣는데

빨간 불이 껌벅 껌벅하는 사이에
아이들은 오늘을 향해 달리고

차 안 라디오에서 어느 가수가
사이다! 사이다! 라는 노래에
목청을 달래고

한 계절을 넘는 사이에서
여린 분홍 발의 산비둘기 한 마리
편의점 앞 쓰레기통을 연신 뒤진다.

분신(分身)

집안 TV 앞에 붙어
감정을 소비해 나약해지기보단
쉽지 않는 외부 사다리를 부르는데

정기검진은 뇌 꽈리가 커진 사진에서
어이 할 건가를 물어서 운수에 맡겨볼까
작은 가방에 귤 몇 개와 의미를 구겨 넣어
사방을 보는 일상이 지속되고

멀리 있는 향촌 친구들 부를 수 없어
지상에서 가장 흔한 친구
막걸리 두 병을 작은 어깨에 걸치면
오후 세 시간 산책이 시작된다

일찍 가서 터지지 않게
수술을 해야 하는 시간이 다가오는 것은
어쩔 수 없는 사정

권주가 없는 친구와 입가의 새겨진 우정이
안주도 주지 않고 떠나는구나.

아는가

외롭다는 나무에 물을 주다가
줄기에 심심함이 달려 있어
심심함을 꽃송이에 올려놓았다

며칠 만에 트럭은
눈만 멀뚱멀뚱하는 갈치를 싣고
한가한 오후를 짖어댄다

나이 들면 시간 위에서 외줄 타기 하다가
내려오면 그만 이라는 것이 순리라고

방안에서 뒹굴다가
신문에서 두 시간의 눈을 보내고
빗방울이 들치면 이 방 저 방의 문을 닫고
왔다갔다가 걸음걸이 숫자를 세는 것은
세포가 솟아나는 일이요

콩자반을 물에 불려 만들고
된장국의 된장의 양을 몇 번 맛보다
보통 빨래와 삶은 빨래를 하다보면
낮달도 구름 속으로 들어간다

〉

희희낙락은 아니어도 간단한 가사 일에
만취하는 나름의 번뇌를 안고 있다

태양이 없는 날도 하루 속에 하루가 있다는 것을.

삼류 정치인

기억이 없습니다
성실히 조사를 받겠습니다
뒷문으로 들어갔다가 걸리면 묵묵부답

기억이 없습니다
난 알지 못하는 내용인데
아내가 한 것, 보좌관이 한 일인 듯
핑계로 일관 그때는 현답이다
뻔한 거짓말

엄마찬스, 아빠찬스를 최대이용
공무원, 취재원에 갑질
청탁 이권에 젓가락 놓기 경쟁
갑질의 대가는 차기 선거다

당선 전에는 굽신 당선 후에는 뻣뻣
육사 생도가 따로 없다

당과 당이 서로를 당긴다
진실은 하나인데 사실만
당기다 줄이 끊어져 쓰러진다.

2

사랑한다는 것은

사랑한다는 것은

그대를 사랑한다는 것은
가을 하늘 높이 떠가는 비행기를
바라보다가 생각이 나고
성냥개비 불로 그대의 얼굴을 보다가
꺼지면 다시 켜서 보는 것,
가까이서 그대 얼굴을 보다가
그대 입술에 살짝 입 맞추는 것이지요

그대의 잠든 모습이 추워 보이면
얇은 이불을 덮어주는 것이요

그대가 감옥에 갈 일이 있어도
그대를 위해 대신 갈 준비가 되어 있지요

그대를 위해
죽음이라도 대신 할 수만 있다면
그 사랑 영원 하지요

사랑한다는 것은
내가 당신이 되는 것이지요.

지정석

모래밭에
한가함 일다가 섬이 일어선다
작은 게들 나들이에 각자의 이름 적어내고
사열을 즐기다가 은빛 모래 속으로
저녁을 넣는다
'우리가족 영원히 사랑해' 당부에
한바탕 놀다가 간 바람
'사랑해'를 가져간다

찾고 찾다가 탯줄을 자른다

있다함이 요술이 되었다가
백년 못가는 배웅
지키다 지키는 열쇠는
스스로 눈을 열고 힘줄 있는 가닥을 찾는다

탯줄 아래에 붉은색 날리면
집 앞 논 천 두락이
사자후 파닥인다.

도토리 외출

머리 위에서 떨어져 다치지 않는 것은
마음이 있기 때문이다

참나무 아래서 한가한 손들이 부지런하다
눈들은 땅 위에서 타자의 것보다 신경을 세운다
몇 줌의 도토리를 비닐봉지에 넣는 것이
길가에 떨어진 지폐 한 장 보다는 알차다
손수 만드는 도토리묵은 이생의 선물

신문지 위에 수십 개의 도토리 알들
몇 시간 지나 베란다는 햇볕으로
벌레들이 점령을 한다

청설모의 먹이가 집안으로 외출 하였다가
집안을 돌아보고 되돌아가는 시간이라 생각하였으니
원위치에 되돌리는 길 위에서
노부부가 도토리를 줍고
껍질을 까는 서로의 역할을 하여
낙엽 사이에 슬쩍 놓고 왔지요.

발코니의 미학

베란다 테라스 마루 거실 혼동이 온다
사념의 유리창, 안경, 망원경은 본다는 것
유리창을 열면 바람보다 소음이 눈으로 보인다

초가집 마루에는 투명한 마음은 있고 유리창은 없다
빛 가림이 없어 친구는 옆에 있다가
친구에게 고구마를 건넨다 손이 가깝다

창문이 생겼다
마음이 생겼다
마음이 거리를 잰다
감정이 들어온다
좋은 소문이든 나쁜 소문이든
자려고 누워도 눈이 감기지 않는다
평가가 함께 와서 드러눕는다
안경이 생겼다, 막힘이 없다

그늘이 그물을 만든다
빛이 머물다 그물 속으로 들어가 넓은 사막을 펼친다
거울처럼 투명하다.

쉼표 하나

뒤뜰 나뭇가지는
오후 볕에 몸을 맡기고
해어진 구두코에서
아들의 월급날이 떠오르는 날

부풀린 나이에 시서화(詩書畵)로
내 안에 갇힌 새를 풀어내니
태양을 떠받치는 여인이 앉아서
一乘原音을 받아 적는다

요양원 입소라는 말에
기대와 희망에 설레는데
밖에서는 우는 소리 가늘게 들린다

여름내 둘이서 물방울로 놀았던
마당에 핀 장미 한 다발
내 눈을 마구 찌르니
어찌 너를 두고 갈거나.

강아지풀

구름 속 작은 여신들
여정을 접었네요

전설이 다하기 전 후손을
길거리 함석 위에 올려놓고
장마 속 기회는
뒤뚱 뒤뚱 운수 찾아 몸을 푼
시계바늘처럼 스산한데

상큼한 향 가지고
파란 신호를 멈추게 할
호기심 핀 발걸음에는

보는 이 듣는 이 할 일 다하고 사라질
저녁의 아우성에 귀를 내어주고

수만 번의 미세먼지 불평을 듣고서도
푸른 눈으로 신선함을 고백하는
생의 여신들이
새벽빛으로 응시하고.

역할 바꾸기

깡마른 화강석이
화염에 부스러짐 있어도
미래불이 되려면
석공의 힘이 들어가야 한다

모질게 모질게 어깨만이 돌리질 쳐
풍상을 받들어
한 삼백 년 들어가 고행해야 할 언어를 새기니

눈물을 흘리면서 매섭게 응시하다
사랑이 들어가니 천년을 역사할진데

쇠와 돌의 몸짓언어로 정과 망치 마주보고
여행 떠나는 얼굴 훨훨 가슴에 노을을 달고
저문 강이 길을 열고 광장에 소리 앉으니
미래불이 앉아서 쉬는데

정이 망치더러
저승에서는 역할 바꿔보자 한다.

눈이 달린 손

빵을 굽는다
악기를 연주한다
꽃에 물을 준다
마음이 눈과 머리가 풀을 뽑을 수 있나

손을 잘 탄다는 말은 경계대상이고
주름은 집적된 자산이며
손이 크면 가난함을 아는 사람이다

고독과 외로움을 들어주는
트로피를 올려야
행복의 표현을 가슴으로 표현할 수 없지

한번뿐인 생애
머리가 결정한다고 생각하는데
이 봉지 저 봉지에 담아
정을 담아주는 것

손에는 청양고추 매운 사랑이 들어있다.

눈망울이 겹쳐지는 가을

반대편 차량들이 길게 늘어져
고속도로 오후의 들판을 길게 보는 사이

복숭아와 햇배 상자에 마음을 싣고
딸이 둘째 손녀를 낳은 지 20일 만에
여행이라 할 가을 외출

한 아이는 업고 한 아이는 걷고
선물 보따리 들고 자가용 없던 시절 천리를
고향 찾아 부모님 뵀던 기억을
오직 마음에만 간직한 그 엄마,

나무뿌리가 수직으로 얽혀있는 것처럼
부모와 자식 간의 찡한 향 내음

여기저기 흩어진 옴팍옴팍한 그릇과
책과 장난감이 가득한 방들에서 뿌듯함을 채우고
내 파편인 양 눈만 벙긋벙긋 하다가

딸을 키웠던 과거를 톺으며
똑같이 겪은 것들을

〈
응원이라는 조그만 봉투를 내밀고
살며시 발길을 돌리는데
한낮 매미 울음이 커다랗네

그 울음통,
반 채워진 울음통이 비어있는 것을 보고
딸의 눈망울이 겹쳐지니
가을 하늘이 높아져 가네.

여행 가방

군인은 평화의 의자에 앉았다가
전쟁은 여행가방을 부른다

얌전한 자태에
외출은 육체를 따라 지구의 표면을 만지고
암흑 속으로 들어간 말들은 흩어지고 꼬부라진
가을을 가지고 어디로 가는 것일까

딱 한 번 외출에 주인은 말없이 가버렸는데
나설 길 없어도 허리를 펴고
서 있는 장모님의 그림자처럼
달달달 거리는 경험을 끌고 놀이를 나서는 여행

병정놀이 일상은 침묵만 머금고 있다가
추억 만들어 가슴속에 밀어 넣는 재주꾼
아름드리 기쁨을 넣고서야
함유된 발걸음을 수신하다가 지치면
뭉틀한 과거를 풍선처럼 부풀려
숨차면 쉬고 쉬다가 걸어가는
발걸음처럼 들어간 파란 추억을
기다리는 희망고문이여.

기다림

납골당에 가서
어머니, 올해는 20만원을 올릴게요
'아범아 올 추석은 오지 말고 용돈만 보내라'
'전 부쳐 보내지 말고 용돈만 두 배로 보내라'
명절이 되면 기다리는 막연함
주는 이 생각도 없이
받으면 자존심, 못 받으면 자랑거리 없음이

하루 이틀 사흘이 기다려지고 행복이 오는
용돈이 들어오는 날
거실에 들리는 낮은 음, 은행에서 입금을 알리는 문자
플러스 숫자에 입술 벌어지고 산다는 의미의 침묵
고요 속에 행복 속에 존재감 키운 대가면 속상하고
부양이라 하면 부모라는 실존감

일어서리라 웃지 않으리
자선에 바치리
나의 일을 찾아야지.

밑그림으로 살기

꿈속에서
100억 짜리 수표를 가지고 뛰는
도둑을 잡았는데
어떻게 해야 할 지

조각배를 타고
굽은 하천을 내려오는 길은
시원하고 짜릿함보다는 걱정이 먼저고

돌아가다가 부딪치고
절벽에서 과감히 뛰어내려
허물어진 공간을 채우는 물방울처럼

식당 주인인 자식에게
밥은 꼭 챙겨 먹으라는
아버지의 지극한 의식

가시고기 한 마리 자손을 돌보다
힘 빠진 몸마저 스러지는 정성이 울리는
이 아침.

라면 속에는

개발지에 사무실이 있다
아직 식당들이 들어오지 않았다

혼밥도 질린다
편의점만 달랑이다

삼각 김밥에 뜨거운 라면 하나
신호등 앞에 선 아이처럼 잠깐 숨을 멈춘다
모락모락 김 속엔 흰 국수 가락이 넘실댄다

파 송송 노란 계란 없어도
국물이 위벽을 타고 내린다
언 속이 일어선다

라면 국물이 말을 한다

어서 와라!
아랫목에 손 넣어라!
어머니 어머니 목소리.

세대교체

추석 5일전,
집에 있는 것들 시장에 나와서 흥정을 하네
홍어무침과 쇠고기 부침이
코에서 눈에서 세종대왕을 그리는데

외롭고 우울증 환자들은 어디에 있을까

눈빛이 야옹이 보다 살아서
마주치지 못 하겠네

조상님들 만나기 위해 할머니 고쟁이에서
구겨진 종이들이 세상 구경을 나오네

생전에 좋아했던 아리랑은 어디가고
디스라도 태워드리고자
장바구니에 넣고 명란젓 찍어먹는데
짠맛은 예전 그대로네

살짝 그을린 얼굴들과 맛과 인심은
추석을 당겨오네.

이렇게

생각이 난다더라
한참을 주머니 속에서
움직이지 못 하겠더라
외로움이 일어나
이불 속에서
몇 번이고 보더라
발신 버튼을 누르지 못하고
수정을 해놓고
보내지 못 하더라
좋아했다고 써놓고
잊지 못하겠다더라
발리섬에서 망고의 맛을 상상을 해본다
거리에서 우연히 마주침을
3일 동안 잠을 자더라
지우지 못해 지난날들과.

우산이 생각하는 거리

잊어버리기 쉽고 잊어버려도
굳이 찾지 않으려는 안일함이
큰 받침 하나 있는 포장마차 아래서
보슬비에 소주잔 적시는 사내의 사연은 무엇일까

쉘부르 거리와 쇠라의 일요일 오후가 아니라도
생각나는 비 오는 날 버스 좌석 끝에
주인을 찾는 쓸쓸함이 스치고 있고
자신을 펴서 배려로 앉아주는 어머니처럼
찢어지고 힘이 없어 버려져 길거리에 누워
도와달라는 말없는 생애를 보는데
공간을 만들어 품을 수 있는 만큼만
자리를 내어 우아함과 품위와 패션으로
물이 하늘로 소통하는 소품이라도
가벼운 것을 하나들고 36도 여름 날씨에도
같이 할 친구가 있다

노랑우산을 받쳐 들고 눈 오는 날
초등학교 때 짝사랑했던 그녀가 내리는 것을
송정역 KTX 플랫폼에서 볼 수 있다면
나만의 욕심이어라.

구수한 큰 색

푸근한 날씨에 호방하고 정감이 있는
호수 낀 카페에서 밝은 노랑 냄새에 취하는 것은
넉넉한 푸근함이다

청색 흰색 붉은색 노랑색 검은색은
오방의 큰 색이다

부채와 비행기에는
아름답고 구수한 고운 상상이 뜬다

서쪽 하늘에 오방색이 구름에 걸리면
가슴이 울렁거린다
태극기가 가슴에 새겨지고 애국가가 보인다

남쪽을 향해 달리는 마음
비행기 꼬리가 사라질 때 까지 조국이 무엇인가
한참 후에야 깨닫는다

보리차 향기가 숭늉을 불러
거리를 덮는다.

사과가 바라볼 때

잘 익은 사과 한 상자를 사면
원숭이 마음이 된다

저 빨간 사과를 언제 다 먹지
마지막 사과 하나를 볼 때
정물화에 있는 사과처럼 먹기엔
무척 아름다운 그림

달콤 살콤한 맛에 중독이 되고
깎아 놓은 진노랑 사과 살을 보면
먹기보단 바라보는 느낌이 더 큰
식탁 위의 사과 한 조각

강렬한 빛과 색깔의 품위
과일에서 느껴지는 수도자의 눈빛이
어떤 과일에서도 나올 수 없는 아우라

사과 없는 계절엔
세 살짜리 아이 놀다가 토라져
엄마에게도 달려가는 표정으로

〉

빛이 샤워처럼 쏟아지는 얼굴들
미인을 보고 있는 것처럼
붉은 얼굴이 쳐다보고

여인이 좋아하는 사람에 취해
진토닉 한 잔을 들고
건배를 외치는 걸 모르는 남자를
빤히 쳐다보는 그녀의 의미 있는 얼굴.

순절

손과 함께 살다가
생을 마감할 때
재활용 장에 가는데

빨간색 파란색 검정색으로
평생 남이 꾹꾹 눌러주는 삶

이리저리 빙글 빙글 돌아
하루 한 번이나 순서로 단순한 역할에

당신의 손은 찌꺼기를 똥이라 하는데
내 몸 가벼워지는 것 아닌
몸에서 혼열로 빠져 나가야 체면이 서는

당신의 눈을 보고서 순간만을 기다리는
세계에 살다가 버려지는 순간
재활용 천장만 보고 살지요.

3

억새의 집

억새의 집

두꺼운 옷에 찬바람이 앉아있다

개울을 건너는 차가움이
유리창에 얼굴을 대는 순간 서로를 밀어 낸다

겨울의 절개는
그림자 위에서 빛나는 것인가
바람이 솔잎을 뚫고 건너편에서 기다리다
한시(漢詩) 한 수를 적어낸다

긴 여행의 포로가 되어
몸 누울 공간을 알려주지 않는데
저만이 알고서 세상에 손짓한다

공간을 찾아 웃음을 피고
마음을 열어 흔들리는 얼굴을 만든다

주인 없는 땅이 집이라고
게으른 주인의 땅이 집이라고
집은 그렇게 허락된다.

관심 없어도

효천역 주차장 도로변
흙더미 옆에
작은 눈 하나

사람들이 눈길을 주지 않아도
난간을 잡고
여름을 버틴
해바라기 한 그루
캄캄한 어스름을 친구로 하고
가끔 오가는 시선을 저장하더니
황금빛 큰 쟁반 같은 얼굴
대박을 낳았네.

동지애

각종 티끌들이 머무는 마루에
햇볕이 따사롭다
먼지들은 느린 걸음으로 좌에서 우로
일광욕이 한창이다

지속되는 일상에서
바닥에는 먼지들의 한가로움이 넘친다

머리를 숙인 머리카락
먼지를 가득 안고서 누었다가 일어선다

청소기의 휘파람이 지날 때
머리카락들이 서로 껴안고
어둠속으로 들어간다

쿵하는 어지러움에
헤어질 것을 알아차린다
화장실 변기 속 깊은 내면에 빠진다
동료애로 머리카락을 품고 순절하면서
하나 아닌 둘이라고.

왕눈

고라니는 눈이 크지요
신발이 없어요
멧돼지는 귀와 코가 있어요
신발 신을 여유가 없어요
경계란 눈이 필요 없어요
저장할 창고도 없지요
맨발로 달리죠

누가 신발을 만들었지요
위험한 땐 신발이 어디에 있나요

말벌이 윙 윙 거리네요
SOS가 있나요
손이 필요 하나요
신발은 필요 없지요

집 앞을 지나요
개조심을 못 봤어요
신발이 벗어졌어요.

구사일생

계절은 들판을 불러와 풀꽃 전시장

풀베기에 나서는 전사들

저승을 향해 인정사정없는 폭풍으로

잔디와 토끼풀만 사람인가

풀 비린내 맡는 망초꽃 강아지풀 띠풀들

햇살마저 애초기에 한순간에 튕겨나가고

뿌리만 이승에 적을 두고 있다가

아이들의 노래 두어 곡 부르면

살며시 고개 들어

애초기를 비웃고 피어나는 망초꽃.

창밖의 여름비에 스완송*

까치가 비를 맞는데 소리는 먹을 수 없어요
여운만 길게 남았지요

자동차 위에 빗방울이 곡선을 삼키고 바라보죠
소리에는 관심이 없어요

나무들 위에서 비는 내일을 보고 흘러내리는데
잎과 잎 사이, 물관과 물관사이 오늘은 바쁘기만

미워할 사람 없는데 여름비에 날아 보고 싶은 감정
방향을 정하지 않고 도는
운전사의 마음처럼 시간에 맡겨버리고
한눈을 팔고 운전대를 놓아버리고 싶을 때
피가 솟구치는 느낌으로

청년을 따라가는 끝없는 화음(和音)
감정도 화색도 없이 하얀 색으로만 온화한 강을 건너
소리의 뼈는 누구의 귀에 앉을까
스완송이 들려와

* 스완송(Swan song): 예술가 등의 가장 아름다운 작품이나 운동선수의 은퇴 경기 등을 말함.

숲세권

퇴근해서 저녁을 먹고 나면
사색의 시간이 옆에 놓인다

운동화에 가벼운 모자를 눌러쓰고
아파트 앞 숲과 냇물의 설렘에
사람들의 얼굴에는 패션이 앉아있다

해바라기 동쪽을 향해 입을 벌리면
햇살이 계절과 계절을 이어준다

물이 흔적을 내고 왕수버들이 바람에 입 맞추는 순간
물까치 살짝 숨다가 소리를 내서 흠칫 놀라게 하고
하루의 아픔을 토하고 지나간다

걷고 걷다보면 봉숭아와 백일홍이
서로의 얼굴을 내밀어 온몸을 비틀고
시누대가 서로의 몸을 비벼대 연을 만든다

배롱나무가 붉은 꽃을 한 올 한 올 피워내고
망초꽃이 진 자리에 이름 모를 새 한 마리
저녁을 준비하다가 바람에 두 점을 수놓아 어둠을

〈

발효한다

출향의 향기가 눈썹 위에 오르니
막걸리 한 사발 생각나도 잊어버리고

숲과 물,
인연과 결합되어 사람을 불러오고
숨 쉬고 걸어서 소리를 만든다
바람소리 새소리 물소리 곡물 익어가는 소리 꽃향기

숲이 여물어가는 아파트에는 돈이 되는 권리를 추가하고.

과유불급(過猶不及)

비가 하루 250미리가 내린다
흙이 떠내려 물이 인심을 삼키고
작은 돌멩이 붙들고 있는 언덕은
하루를 이틀을 버텼다

구름 속에 구름이 없으면 무엇이 흐르는가
떠다니는 민심은 구름 속으로 들어가
나뭇잎 소리에 앉는다

뿌리에 고인 물들 낙지발처럼 빨아들이고
나무들 부러지는 소리가 들리는데
둥둥 쓰레기들 떠내려가다가
굽이굽이 넘치는 바람의 소리가 소를 몰고 간다

구름이 사라진다
햇볕이 얼굴을 내밀다가
적당한 것이 적당한가를 묻는다

천심 속에 민심이
민심 위에 구름이 있다.

뒤태는 아무 일이 없지요

살아있는 사람은 걷고
집에 있는 사람은 일이 없다
아파트 조명의 반사함이 지난 시절을 반추하는 듯
맴돌고 맴돌다 호수를 따라 다닌다

허리가 앞으로 굽어 왼쪽으로 왼쪽으로 가다
앞만 쳐다보다 한 번 돌아보고
회전운동으로 느림으로 문을 연다

잘 먹은 사람은 가성비 1분에 100보를 넘게 뛰는데
호리한 모기는 폭포수 소리에 고개를 숙이고
아파트 불빛은 청 저고리 만들어
추석을 기다리다 비대면 이라는 말에
사랑은 멀리 간다

개밥바라기는 저녁을 먹고
뒤태 자랑하는 젊은이에게
밝은 빛으로 내일을 설명하는데
구불구불 거리는 고양이 산모의 뒤태는
다섯 마리가 십일이면 우주에 온다고 하는데.

아찔함

산책을 한다
먼 곳을 보니

발밑을 살필 여유가 없다

신호등 앞에서 발끝을 본다
개미 두 마리 신발을 겨우
비켜 지나간다.

겨울을 앞두고

해팥, 해쑥, 해콩, 햇과일
올해 생산된 신선한 것들
햇감자가 냉장고에 들어오고
햅쌀이 거실에 들어와 들판 냄새를 풍긴다

부지런한 이들의 향연은 계절로 가고
나무를 쌓고 연탄을 들이던 풍습은
흑백 사진에 남아있고
두꺼운 옷에서 곰팡이 털어내고
검은색 정장과 외투의 먼지를 털어보는데

얼어 죽지 않으려
떨켜층을 만들어 잎을 떨어뜨리는 나무들
치유와 힐링을 주기 위해
한 아름 안고서 수고했다 하고서
하얀 비듬을 씻어내고
똘똘똘 물소리 들리는 겨울밤을 준비한다.

외출하는 향

아랫마을 향기와
윗마을의 향기가 다르네
마을 입구의 은목서를 스치면
여인의 향이 눈에 보이고
마을 앞 비석들이 반기는데
향기의 둘레는
어둠을 덮고 있는 친구의 눈에 보이다
향기로운 미소로 아침을 가득 담아 깨우네

장의 짠 냄새보다
고개를 든 채 구름을 보는 박하향이
담장에 걸린 이웃을 웃게 하는데
앞산을 오르다 오르다
힘든 코 30센티를 내미니
길가의 더덕 향 목숨을 내어주네

지나는 이에게 손짓하여 외출하는
그대의 흰 목덜미
흙에 저장된 향기로
고추장이 옛 시인의 형상을 불러오네.

아이의 걷기

고추모종 하나가
거실에 들어왔어요
관심을 심었지요
가끔은 시들어지고 힘이 없었어요
하얀 고추꽃이 거실의 허허로움을
씻어내고 신비스런 웃음으로 바뀌었지요
바람을 들게 하고 소리를 듬뿍 먹였더니
맺었지요
예쁘다고
쓰다듬어 주고 말로 위로를 보냈지요
푸르다가 검붉다가 빨간 세상을 가져왔지요
손바닥만 한 하얀 화분 속에서
한 계절을 같이 보낸 친구였어요
가을이 되자
마른 가지에 힘이 빠진 고춧대는
요양원에 있는 친구 어머니의 검고 가늘어진
팔과 겹쳐지네요
검붉은 마른 고추가 거실에 뒹굴자
봄에서 가을까지 허공을 딛고 있는 아이의
발꿈치가 가벼운 흔들림으로 지상에 내려앉네요.

여름아 애썼다

흐린 날 한전 본사 건물이
저 만치서 먼지를 토해 냅니다
당겨 보면 눈이 희어집니다
오후를 속속 뒤집어 보아도
잡히는 게 없습니다

곡주 한 병이 나무를 쳐다봅니다
나무를 위해 한 잔 부어주니
물을 먹은 나무는
이파리 떨치기가 버겁습니다

외로움 속에 갇힌 곡주 잔을
새가 목소리로 자꾸 채워줍니다

털켜층을 잡고 있는 이파리
파리해지고 바람에 느낌을 압니다

붉은 한 잎은 미소를 낳고
가벼이 땅에 인사를 합니다.

신도림역

푸새들 이리저리 넘어졌다가
다시 일어서는 아침이다

남새들은 제 발길 가려다
한 번 쳐다보고 멈추는 발길이
엉켜서 마음에 구멍을 낸다

호킹스 같은 기시감에 시달리다
놓쳐버리는 둥근 소리에
흰 지팡이는 창문을 더듬다

계단과 선로에는 기대감이
서로의 눈에는 의자 번호를 새기고
모르는 척 선로를 응시하는데
선로 위에 꽃 봉오리
따뜻한 빛을 머금더니 토해낸다

누이의 눈빛을 닮은 목소리가
신도림 신도림역 입니다하고
막차소리를 낸다.

축제 한마당

서늘한 아침 공기 속을 걷고 나서
갈증 나면 시원한 물 한 컵
와락, 온 감각으로 느끼는 몸

냄새 맡고 듣고 보는 것
영장(靈長) 아닌가
숙제로 사는 생(生)은
이승이 망가졌다는 푸념
지나가는 것 마다
손가락 자국에 찍힌 느낌의 한 마당

어이!
맥주 한 캔이
지구를 들어 올리는 기쁨
등기부에 있는 100억 보다
지갑에 있는 만 원권 한 장이 체면

종일 기쁨으로 노래하다
한 여름 살다가는 저 매미
손녀 얼굴 보는 나.

각자의 표정

길가 코스모스 꽃잎으로 화장을 하고
하얀 얼굴로 웃는 모습

큰물에 휩쓸린 버드나무 푸른 이파리
하늘을 보며 물소리 듣고 노래를 부르고
장마로 담벼락 무너진 자리
우회하라는 프랑카드 누워 있어
뚫어져라 쳐다보다 돌아가는데

쿵짝 쿵짝 두 발의 리듬에 걷다가
턱스크를 한 처자를 눈빛으로 흘깃 보고
아침 6시의 공기에 긴 숨을 내밀어 보고
한쪽으로 쓰러질듯한 발걸음으로
한들거리는 다리 끄는 노부부
손을 잡고 걷는 표정에 키 큰 해바라기
잎사귀들 부부의 어깨에 날린다

우측으로 기운 채 걷는 젊은 여인 아침 찬은
감자와 고추 반찬에
얼큰함 넣자면서 흰 운동화를 끌고 바삐 들어간다

귀뚤이 소리

어스름 저녁
소리는 산을 들었다가 내려놓는다
나무에 바짝 다가서면 소리가
가벼워진다
멀리 떨어지면
다시 어머니를 연주한다

며칠이면 가야 할 여비가 아까워서
밝기를 모르는 광선을 타고 소나타가 비탈에 걸린다
아이의 막대사탕 녹아내림이 애타
한 줄기 소리가 앞서가면 온 산이 흔들린다

어스름 저녁, 피카소의 입체화를 보면서
빛나는 아버지를 연주한다

산이 울리는데 가야할 시간이 빠르다
서럽기는 마찬가지다, 피를 토한다
깊은 울음이 짧아진다.

경계선에서

비가 밤새 내리네
빗물이 지상에 그어진 금을 따라나서네
얇은 골 생을 나누네
뿌리로 들어가고
바다로 가서 짜디짜지네

맘속에 그어진 금
너와 나 우리 아닌 타인으로 대체해서

보고 싶은 것만, 듣고 싶은 것만
믿고 싶은 것만을 만들어 그림을 채우네

문하나 만들어 놓고
몇 년 살다가 새로운 문으로 나서다가

손 위의 금, 얼굴 위에 그어진 것 보다가
옆집 얼굴 잊어버린 날

옆집 숟가락 큰 걸 본
어린 기억을 소환한다.

절반이 담긴 가을

아내가 감 한 상자를 반값에 사왔다
맛이 별반 다르지 않아 나쁜 선택은 아니다

이것저것 자국이 많이 있는 것을
먼저 먹기 위해 고르는데
노랑 파랑 주황의 껍질이 식탁 위에서
수를 놓아 접시가 풍성하다

아픈 상처들 품고
우아한 승복이 저장된
메뚜기 여치 소리가 뛰고
둥근 성에서 나오는 향기를 머금은
검은 눈들

푸른 하늘 속에
작은 발견이여
Viva la Vida*.

* 스페인어로 '인생이여 만세'의 의미

4

10분의 생각

10분의 생각

자전거를 타고 강변을 따라 가다
흰색 안경의 빛나는 눈빛을 보는 순간
얼굴에 가려진 그녀의 마음을 헤아려보고

잦은 태풍에 항구가 부서지고 배는 널브러지고
어부 자녀의 등록금 생각에 눈물이 보이는데

사무실 직원이 거래처와 말다툼하여 얼굴이 붉어져
점심 먹으러 가자는 소리도 못 하고 시간만 지나고

이사를 하고 나니 가스렌지 화구는 모두 고장
형광등이 잘 안 들어오고 변기에서 물이 새도
처음으로 대출 없는 집이라는 기적에

코로나 19로 거리에는 오토바이 가방만이 달리고
과거로 돌아갈 수 없는 현실이 미래를 말하는 것인데
개미들과 풀벌레들만 자신의 존재를 알리는 밤

호수공원에서 마스크 끼고 도는 여인들
대화를 알아들을 수 없어 귀뚜라미 소리만 들린다.

책임감

단독주택에
소나기가 내린다
순식간에 마당이 물바다가 되고
집 현관까지 물이 차오른다
소녀의 손가락이
막힌 빗물 구멍을 뚫는다
낙엽들이 소용돌이치며 구멍 속으로 들어가며
휙휙 소리를 낸다
손가락을 빨아들여 어깨까지 들어간다
엄마한테 전화할 시간이 없다
얼굴엔 홍조가 띄어 당황한다
현관 물이 줄어들기 시작한다
비가 그친다
구멍 주변에는 쓰레기 파편들이
패잔병의 옷가지와 전투식량 껍질처럼 널브러져 있다
손을 씻는다
저녁이다
쌀을 씻는 아홉 살 푸른 나뭇가지의
작은 손이 클로즈업 된다.

위로 속에 따뜻함이 새겨지고

운전면허증은
평생 지갑 속에서 나를 증명하는데
어릴 적 상처를 받으면 우물 속에 깊이 넣고
꿈틀 거리는 생각들이 눈을 지나 몸속 안쪽에 붙는다

배고픈 시절, 따뜻한 고구마 하나를 받아들면
인류를 구하는 메시지가 새겨지는데
소방관 장의사 미화원 간호사 버스 운전사
배달원은 위로를 먹고 사는 영웅들이다

아무도 오지 않는 침침한 골방에서
일주일을 기다리다 양말 사이를 뚫고 나온 발가락들은
복지사의 빵빵 소리에 얼굴을 내밀고
배추김치 한 봉지에 쪽빛 바다의 물결이 출렁거린다
잘 지냈어요! 위로에 뜨거움이 등줄기를 타고
내려오는 따뜻함이여

땅거미 지고 어둠이 길을 거닐 때
황금빛 등불처럼 희망이 밝은 곳으로 새어 나오면
지난날의 어둠은 사라진다.

살포시

조심스러워, 나긋나긋 자태로
창에 부딪히는 나비를 아침 햇살은 바라본다
나직한 움직임 곁에 아이 손이 보인다

기다림은 싹을 키워서 기운을 담아
살찐 풍경을 살며시 만진다
무심히 옆에서 장단을 맞추어 불러도
호명되지 않는 골목처럼 날개는 하늘하늘 거린다

낮의 일상을 살피노라면
놀던 장단에 밝은 미소를 띠며
파문 가라앉힌 꿈을 얼굴에 그리고
웃는 얼굴은 나뭇잎 결이다
물방울이 맺혀 미끄러지는 날들이 아름답다

뺨을 만지는 눈빛이
재잘거림으로 뿌리의 결을 만든다
아이 뺨에는 미소가 자란다.

또 다른 시작

붕어 한 마리가 물 밖으로 내팽개쳐져
땅 위에서 사군자를 친다
새롭다는 풍경이 미래를 가르는 일인데
물로 돌아갈 수 있을까
매화를 그리는 붕어를
물이든 대야에 얼른 넣는 순간 오페라가 뜬다

첫 직장에 들어갔을 때 지각하지 않을까
불안과 걱정으로 아침에는 이불을 탁본했다

손녀가 태어나니 동작 하나하나
움직이는 게 참칭하는 힘이어서
고개 들기
배로 밀기
앉기
서기
한 발 걷기

단계마다 뻐꾸기가 뻐꾹 뻐꾹
시진(澌盡)하게 우는 건 복사꽃 늦게 피고
여명이 빨리 밝지 않아서다.

8분 46초

흑인 젊은이 조지 플로이드가
미국 경찰의 발바닥에 짓눌렸다
숨이 막혀요!
숨을 쉬고 싶어요!
정말 숨이 막혀요!
거짓말이다!
정말 일까 의심쩍은데?
숨을 쉬고 싶어요!!!
마지막 절규 위에
아이의 눈빛이 어른거린다
망고가 비닐봉지에서 나와 뒹군다
과즙이 청년을 본다
단맛은 아스팔트의 몫.

물 위에 떠 있는 그림

새 아파트가 33평에 5억
평균연봉 4000만원이면
새집 살려면 먹지 않고 12년

새 아파트 주변에 흐르는 개울에
겨울 오후 찬바람이
산책객의 뺨을 바라보는 작은 다리 밑에서
물오리 가족들은
개울에서 물속으로 연신 고개를
들었다가 인사를 하는 평화로운 목판 조각들

저들은 돌아갈 집도 없을 것인데
햇살을 즐기며 즐거운 자태에 부럽고
뭔가에 홀린듯한 먹이 놀이

집 장만에 울고 슬퍼했던 우리들의 시간은
저 물속에는 없는데
물오리 떼 일상은 혼을 넣는 정성이 보이지 않아도
주어진 행복을 즐기는
저들은 아름다운 그림이어라.

무(無) 속으로 들어가니 친구가 있네

10억 가지고 있는 사람의 10만원
100억 가진 자의 10만원
서로 표정이 다른 돈

몇 푼이 사람을 만들고 쳐다보고 부러워하다가
그의 그릇을 만든다

돈 자랑만 하는 이
저녁 한 번 사본 적 없는 얼굴에 그림을 그린다

불로초를 집안으로
데리고 온 날 그리 설레더니만
삼일 지나니 별 관심 없더라

돈이 돌과 독이 되고
무(無)가 되어 돌고 돌면 그만
친구가 있으면 내 속에 있는 돈보다 친구
그 어떤 좋던 것도 무(無)가 되더라.

광풍각(光風閣)*

침계문방(枕溪文房)*으로
조그마한 집 별당이요 사랑방
대숲소리 바람소리 귀속을 파고든다

기둥에 기대어 눈 감으면
졸졸 흐르는 세상 소리 이파리를 사르르 흔들고
마음 깨끗하고 산뜻하여 부드러운 달맞이 된다

거문고 소리 허공으로 사라졌다
눈썹 밑에 내려앉으니 무위자연(無爲自然)이다

푸른 이끼 낀 돌벼랑에 앉아
청춘남녀 대화를 엿듣다가
하르르 미소 짓는다

정자에서 사라진 바람 다시 돌아오니
속세의 바람도 찾아와서 놀다간다.

*광풍각 : 담양 소쇄원에 있는 정자
*침계문방 : 머리맡에서 개울물 소리를 들을 수 있는 선비의 방

한 번만

구름은 카메라를
몸 안에 품고 비행기와 경쟁을 하고
지나가는 곳엔 작은 산들이 보인다

댐으로 들어간 마을이 빛을 내고
초등학교, 샘, 집터가 얼굴을 내민다
샘물은 마초집단처럼 작은 폭포를 만들어
보는 사람을 옛집으로 보낸다

10년 만에 볼 수 있는 감나무 그루터기,
나뭇가지 부러져 상처 입은 동생은 먼 곳에 있는데
흔적만 보여주는 마당,
아무 때나 올 수 없는 물속에서
폴폴 영희와 사랑이 태어났던 걸 어이 하겠나

골목길 흔적은 늙어버렸고
물풀만 조용히 고개를 숙였는데

이장이 출향하는 날 박아 놓은 작대기
그날은 이야기 하는데
몇 개 남은 교회 벽돌에서 찬송 소리 나오고

〈

작대기 위에는 고충 잠자리 앉아서 꾸벅꾸벅

가뭄이 데려다 준 고향
시집간 누나가 돌씽 되어야
집으로 돌아오는 격
내년에도 돌아가면 좋으련만.

잡념들과 오후

바람 일어 빗방울 머리에 이고 있으면
보랏빛 꿈들 오동나무 꽃 위에 피워내는 순간
혼불이 산으로 들어가는 데
꿀을 빨고 있는 나비는 거미줄을 넘어 흔적을 남기고
먹이를 들고 가는 개미를 보면 홀로 있다는
감정이 살짝 버겁다

돈 벌기는 개미가 나뭇잎을 끄는 것보다 힘든 일인데
쓰기는 태풍이 불 때 바람보다 쉽게 날아가 버린다

살면서 오른쪽만을 바라보다가
왼쪽 옆구리가 아픔을 인식하면
온갖 생각에 잠겨 병원 처방을 받고
한 달 살 기운을 얻는다

날숨을 쉬고 밖을 내다보면
건설사 프랑카드에 돈을 벌어 준다는 말들이
돈을 버리고 있는데
건물에는 임대를 알리는 광고
사람들은 집에서 휴대폰만 보고
아스팔트는 한가함에 지쳐 먼지를 그네에 태운다

〉
사과의 계절에 사과는 집으로 가기 위해
눈들을 쳐다보고 냉큼 안긴다.

관(官) 위에 있는 것

바이러스는 숙주를 공격을 하여
숙주를 죽이고 자신도 전사한다

벼슬을 얻으면
흙을 안고 꿈도 이룬다

내가 가면 길이요 내가 행하면 바른 일이다
내리막길은 언제 시작 하는지 신호를 보내지 않는다

나만 옳다고 생각할 때
정상에서 내려오는 지름길

배려와 상생 균형을 이야기하고 공생이 들어갈 때
별이 양철 지붕을 덥히듯
마음에 감사의 사리가 찬다

따스한 돌멩이 양손에 들고
하나 달라고 하니 두 개를 주는
벼슬아치를 보는 꿈을 꾸고
현실인가 하고 눈을 뜬다

〉

관(官)이 여유가 사라질 때
창과 칼이 머리 위에서 소리친다.

수탄장*

노을 길게 드리워 다가오면
나목은 눈망울이 붉어진다
지친 다리쉼은
부스스 일어난 얼음 발자국 바라보고
갈무리한 들판은 지나는 구름이 실어간다

상처 난 마음, 손마디 지나 무릎에서 지켜보고
다시 찾지 못하는 이름들은 고향 안부만 묻는다

되돌아올 수 없는 걸음걸이
뗄 수 없어 그 자리에 서 있고
가시철망은 눈물에 찢어지고 인골적*은 그렁그렁

우렁우렁 바람소리에 영혼들은 쉬지 못하고
회환의 시간만 무심히 흘러간다.

*수탄장 : 한센병의 부모와 아이들이 철조망을 사이에 두고 한 달에 한 번씩 만나는 근심과 탄식이 있었던 장소.

*인골적人骨笛 : 살아있는 선남선녀를 생장하여 뼈로 만든 피리. 몽골 라마교의 승려들이 인골적을 불면 신을 불러온다고 하여 이것으로 불음. (한하운, 인골적, 『보리피리』 시집에서 차용)

담배꽁초

누가 사무실 앞에 버렸나 발로 차다가
나도 무심코 아무데나 쓰레기 버린 적 있지
반성을 하면서 꽁초를 줍는다

긴 것 하나에 짧은 것
담배 한 개피 피우다 전화가 왔을까
빨리 오라는 딸의 음성에 피던 것 발로 비비고
아파트 융자금과 요양병원 어머니 병원비
생각하며 빨았던 깊은 한숨이 밴 꽁초를
골초들의 얼굴과 함께 줍는다

대학 병원에서 창밖을 보며
한 모금을 길게 들이킨 심근경색 친구에게
끊으라는 말을 못하고
뒤도 돌아보지 않고 엘리베이터를
누르고 왔던 것이 후회되는 아침

거리는 가을로 접어들고
따뜻한 햇살이 창을 비추는데
길가의 또 다른 꽁초 하나가
니코틴 냄새를 풍긴다.

서울 고시원

서울 하늘 아래서 식사 제공하고
TV 미니침대 수납장 옷걸이 하나에
하루를 보낼 수 있는 곳이 월 15만원

창문 없는 방에 화장실 부엌 세탁기
냉장고는 공용필수품이어서 자랑은 못하고
황혼기 끝물 인생인가
아니면 미래의 용수철 인생인가
연봉 1억을 생각하는 라이더들
고향을 잃은 철새 나그네들
스마트폰으로 꿈꾸는 이주자들
사무관 명패를 새기는 청년들

새벽 상큼한 공기는 고시원도 공평한데
청년이 가진 마음의 창은 열리지 않아
이곳에 머무는 시간은 짧다
문학청년이 노벨문학상을 받으면
그가 사용한 화장실은 기념물이 되어
해마다 문학청년들이 보러올 것

창문 없는 방에 겨울이 지나간다.

불망비(不忘碑)

이제 돌아간다 하더라도
서글퍼하거나 서러워 울 일이 아니다
태어나서 부모의 사랑을 물려받아
자식들의 용돈도 받았고
아내의 사랑도 확인하니 호강 아닌가
날이 새면 친구들과 소통하고
세상이 돌아가는 것을 실시간으로 보는 것

그래도 허전한 것이 있다면
내 안에 있는 끼를 내세워 보고
버킷 리스트를 작성하여 해볼 일이다

권세가 하늘을 찌르면
불망비가 높이 올라가다
위세가 시간 속으로 사라지는 날
혁명의 불씨가 된다

조선의 마지막 날 대원위대감이
난세를 이겨냈다는 의미인지
선정도 없는 영세불망비가
남한산성 입구에서 등산객의 눈만 바라본다.

가을이 파랗게 보이시나요?

예쁜 단풍 하나에
어머니와 옛 애인이 보이시나요?

하늘이 높아 보이는 눈이 있으면
마음이 우울하지 않는 내가 있다는 것이지요

2020년도 하나의 기억으로 사라졌다가
우울한 마스크로 눈을 불러올 것입니다

친구 동료에게 오늘 문자를 보내보세요
거리와 하늘을 쳐다보라구요

오후엔 상수리와 도토리 낙하 소리에 귀 기울이다가
두 개에는 어떤 차이가 있는지 알아봐야겠어요
테이크아웃 커피에 가을 향기를 넣어야겠어요

가만히 앉아 있어도
낙엽이 뒹구는 소리에 행복해집니다

잔잔한 기쁨이 있는 이 소박한 마음이
당신에겐 몇 번이나 남았는지 세어 보았나요?

|해설|

존재방식과 사랑의 메시지, 그리고 생명성 옹호와 현실 탐구

-홍기선 시집 『여름아 아썼다』

강 경 호
(시인, 문학평론가)

1.

홍기선 시인의 첫 시집 『여름아 애썼다』의 시적 세계는 다양한 경향을 보여준다. 그 중에서 큰 비중을 차지하거나 의미있는 시적 경향은 존재방식에 대한 깊은 탐구를 보여주는 시편, 사랑에 대한 메시지를 담고 있는 시편, 생명성을 묘파한 시편, 우리사회의 어두운 그늘을 보여주며 이를 풍자하는 시편 등으로 나눌 수 있다. 이러한 시적 세계는 인간이 과연 어떻게 살 것인가. 그리고 우리 사회를 지탱해주는 기저에 있는 '사랑'을 주제로 한 메시지를 보여준다. 그리고 생명의 가치가 훼손되고 폄하되는 현실에서 생명성을 옹호하는 시편들을 통해 생명의 가치를 옹호하는 시편들을 보여준다. 더불어 우리사회가 안고 있는 모순과 그늘진 부분을 반영하며 보다 나은 세상을 지향하는 시인의 정신세계를 보여준다.

이러한 홍기선 시인의 시편들의 형식은 때로는 순수한 가치를 옹호하기도 하고 자본주의가 안고 있는 모순과 부조리를 드러낸다.

한편, 홍기선 시인의 시의 형식은 독자친화적으로 잘 소통되기도 하지만, 일련의 시편들은 유사성의 원리로 작동되는 대상과 대상간의 거리가 약간 거리가 먼 경우도 종종 보여준다. 또한 그의 시적 형식의 특징은 1인칭 주인공 시점에서의 서술보다 3인칭 시각을 지닌 경우가 많다. 그러면서도 그의 시는 우리 사회가 안고 있는 현실에서 만나거나 부딪치는 문제들을 시로 형상화시키고 있다. 뿐만 아니라 시인 자신의 삶의 방향을 살펴보기도 하고 제3자의 시점에서 시적 대상을 살펴보는 경우가 많아 감정을 절제해 보다 견고한 어떤 가치를 메시지로 전한다.

2.

서정시는 인간의 삶에서 일어나는 모든 정서적 사건을 담아낸다. 그러므로 인간의 삶과 연계된 것이 아니라면 그 내용과 형식이 아무리 훌륭하다 하더라도 별 의미가 없다. 인간이 태어나서 사랑하고 아이를 낳고 노년을 보내며 살아가다가 죽음에 이르는, 즉 생로병사의 모든 부분들에서 느껴지는 정서를 시라는 형식으로 표현한다. 간혹 '시는 무엇을 써야합니까?'라고 묻지만, 앞에서 밝힌 것처럼 인간의 삶에서 느껴지는 감정을 담아내는데는 특

별하게 어떤 것을 시로 노래해야한다고 말할 수 없다. 그러므로 서정시는 시라는 형식으로 모든 인간의 삶과 감정을 형상화시키는 언어예술인 것이다.

인간의 삶을 지배하는 것은 '정신'이다. 흔히 '정신 빠졌다'고 말한다. 혼이 나간 사람처럼 행동할 때 쓰는 말이다. 정신이 없으면 존재하지 못한다. 개구리나 꽃이 정신이 있는지는 모르겠지만, 인간은 정신이 그 사람의 성격과 품성을 결정한다. 뿐만 아니라 살아가고자하는 길을 선택하고 행동하여 그 사람을 존재하게 한다. 다시 말해 정신은 인간의 존재방식을 좌우한다. 인간에게 존재방식은 매우 중요하다. 그 사람의 품성은 물론 정체성까지 좌우하기 때문이다.

서정시는 매우 짧은 언어예술형식이지만 존재방식을 형상화시키는데 자주 사용된다.

90평생 열심히 살았지요
아름다음과 향기를 위해 살았지요

이름을 남기진 못했지만
얼굴엔 미소를 남겼지요

손과 얼굴 챙기며
성실하게 마음공부를 하였지요

하루에 두 번은 꼭 보았어요
미소와 환희를

그래요
태어나 깨끗하게 해주는 것 멋이지요

만지고 비비고 흔적을 지우는 게 쉽지 않다는 걸
씻고 씻으면 개운해지는
새로운 식구가 오면 손에 안기는 맛

흔적도 없이 사라지는 미소여
지상에서 없어질 때.

-「비누의 미소에」 전문

이 작품은 비누에 대한 관념을 형상화한 작품이다. 주지하다시피 비누는 사람의 몸이건 옷이건 사물을 깨끗하게 해주는 물건이다. 그러면서 자신의 몸은 마침내 사라지는 희생성을 가진 시적 표상이다. 이 작품은 화자가 비누를 생각하며 비누의 희생과 자신의 내면인 정신과 그리고 용모를 깨끗하게 해주는 것에서 비누가 미소 짓는다고 생각하는 2인칭 서술방식을 채택하고 있다.

이 작품의 화자는 "90평생 열심히 살았"다고 고백한다. 그것을 화자는 "아름다움과 향기를 살았다"고 표현한다. '아름다움'과 '향기'는 일반적으로 미학적 관점에서도 긍정적인 인생을 말한다. 그러므로 화자는 90평생을 인간답게 살았다고 말하는 것이다. 그의 삶은 "이름을 남기진 못했지만 / 얼굴엔 미소를 남겼"다고 한다. 흔히 "40대의 얼굴은 스스로 책임져야 한다"고 하듯 화자는 90평생을 얼굴에 미소를 남겼으니 일생을 부정적인 일 없이 인간답게 잘 살았다고 스스로를 평가한다. 화자는 특히 "손과 얼굴을 챙기며 / 성실하게 마음공부를 하였"는데 삿되지 않은 마음으로 '손'과 '얼굴'이 의미하듯 남의 눈에 띄는 것을 깨끗이 하였는데 그것은 "성실하게 마음공부를 하였"기 때문임을 짐작할 수 있다. 그런데 화자가 90평생을 얼굴에 미소를 남기도록 해준 것은 "하루에 두 번은 꼭 보았"다고 하는 무엇 때문이다. "미소와 환희"를 주고 태어나 깨끗하게 해주는 것이 바로 그 대상인데, 그것은 비누였다. 실제의 비누가 사람의 육신을 깨끗하게 해주지만, 꼭 그렇지는 않는다. 비누로 상징되는, 그래서 아침저녁으로 깨끗하게 씻어주는 어떤 정신적인 힘일 수도 있다. 어쨌든 화자는 "만지고 비비고 흔적을 지우는게 쉽지 않"지만, "씻고 씻으면 개운해지는 / 새로운 식구가 오면 손에 안기는" 것이 비누임을 암시한다. 이처럼 비누는 아침저녁으로 누군가의 허물과 몸을 씻겨주지만 "흔적도 없이 사라지"고 만다. 이 때 화자는 사라지는 비누에게서 미소를 발견한다.

이 작품은 앞에서 밝힌 것처럼 누군가를 깨끗이 씻고 사라지는 희생을 가진 사물이지만, 화자는 자신의 존재방식을 비누의 정신을 닮으며 세상을 깨끗이 하고 자신의 몸과 마음을 맑게 하여 자신의 삶을 이끌어가고 있다.

시는 시인을 닮는다. 시를 통해 시인의 관심사를 드러내기 때문이다. 옛 시나 현대시 모두 공통적인 것은 시인의 결핍을 시로 표현한다는 점이다. 결핍은 우리 사회가 안고 있는 여러 가지 제 문제들도 있지만, 그런 경우는 우리 사회의 그늘진 부분을 나타낼 때이고, 여기에서는 시인 자신의 결핍을 드러내고 있다.

긍정하는 이는 큰 사과를 먹는다

정상에서 내려오는 이에게 다 왔어요? 하자
예, 이 고개만 넘으면 돼요
앞서 올라가는 이에게 예쁜 귀 만들어
밝은 눈으로 볼 수 있게 해 주는데
아픈 아이가 이 약은 써서 먹지 못한다고 하자
한 번만 먹으면 넌 머리가 안 아파!
그러자 울먹이다 꿀꺽 삼킨다

잘 살아 왔잖아
미래는 너의 것이야 라고 최면을 걸자
부정이 긍정을 말하고
마음의 저울추 평정이 와서
기울던 바늘이 눈금을 찾는다

불안과 공포가 요동쳐도
긍정의 사과 한 알 있으면
감정의 근육을 단단하게 매어
미소가 번지고 고개를 끄덕인다.

-「긍정의 사과」 전문

많은 사람들이 힘들거나 버거운 일을 꺼리는 경향이 있다. 시인 역시 마찬가지였을 것이다. 그런데 이 작품 속의 화자는 "정상에서 내려오는 이에게 다 왔어요? 하자 / 예, 이 고개만 넘으면 돼요" 그러자 정상에서 내려오는 사람의 말을 들은 사람은 정상을 향해 즐거운 마음으로 산을 올랐으리라. 이는 긍정적인 사고를 지녔기 때문에 산을 내려오는 이의 말이 "앞서 올라가는 이에게 예쁜 귀 만들어 / 밝은 눈으로 볼 수 있게 해" 주었기 때문이다. 아픈 아이가 "이 약은 써서 먹지 못한다고 하자 / 한 번에 먹으면 넌 머리가 안 아파!"라는 부모나 누군가의 말에 약을 잘 먹지 못하던 아이는 "그러자 울먹이다 꿀꺽 삼"킨다. 이는 긍정의 힘이 작용했기 때문이다. 긍정의 힘은 포기하지 않는 정신에서 비롯된다. 그러기 때문에 불가능한 것도 가능성을 일깨워주는 힘이 있다. "잘 살아 왔잖아 / 미래는 너의 것이야"라고 말을 하면 "부정이 긍정을 말하고 / 마음의 저울추 평정이 와서 / 기울던 바늘이 눈금을 찾는다" 당연한 말이다. 그런 까닭에 화자는 "불안과 공포가 요동쳐도 / 긍정의 사과 한 알 있으면 / 감정의 근육을 단단하게 매어 / 미소가 번지고 고개를 끄덕인다"고 인식한다. 이로써 자신의 결핍을 긍정의 힘으로 채울 수 있는 것이다. 그런데 이 시편 첫 행에서 화자는 "긍정하는 이는 큰 사과를 먹는다"고 말한다. 그리고 마지막 행에서 "긍정의 사과 한 알 있으면" "미소가 번지고 고개를 끄덕인다고 한다. 여기에서 "긍정의 사과"는 은유화된 상징으로 결핍을 극복하는 힘을 말한다. 그런 까닭에 "긍정하는 이는 큰 사과를 먹는다"고 한 것이다.

인간은 누구나 하루 종일 좋은 기분으로 지내고 싶어한다.「푸른 아침의 생각처럼 오후에도」지속되기를 바라는 것이다.

새벽 산책길
상큼한 기분을 어디에 담아야 하나
가슴이 펴져 몸이 새털이 된다

초심의 공기를 걸치고 집을 나서다
웅장한 건물에 들어서면
얼굴들이 아침을 밀어낸다

의자에 굳어지는 몸
다루기 어려운 목소리와 표정이
휴대폰 소리로 들어가
옆 사람 얼굴을 보고 손이 굳는다

화살처럼 오가는 말 사이
눈빛은 화살을 쏘아댄다

색안경을 쓰고 다니는
사람의 마음 알기가 어려운 것처럼
아침의 신선한 공기가
저녁에도 같은 느낌으로 하루를 보내는 것은
보석이 들어있는 운 좋은 날 커피.

-「푸른 아침의 생각처럼 오후에도」 전문

인간의 존재 방식은 아주 사소한 것에서 비롯된다. 하루 종일 기분이 좋으면 사람들을 대할 때도 매우 친절하기 때문이다. 이 작품의 화자 역시 이를 잘 알고 있어 "새벽 산책길 / 상큼한 기분을 어디에 담아야" 할 것인가를 생각한다. 당연히 마음속에 상큼한 기분을 담아야 한다. 그러므로 "가슴이 퍼져 몸이 새털이 된다" 새털처럼 가벼운 마음을 지녔으니 기분이 상큼하여 새털처럼 날고 싶을 것이다. 흔히 아침부터 기분이 나쁘면 하루 종일 우울하고 잘 될 일도 안 되는 경우가 허다하다. 그래서 화자는 "초심의 공기를 걸치고 집을 나서"는데 이는 새벽 산책길의 상큼한 기분을 계속 유지하고 싶은 마음에서이다. "웅장한 건물에 들어서면 / 얼굴들이 아침을 밀어낸다" 화자의 뜻대로 초심이 유지되지 않기 시작한 것이다. '웅장한 건물'이라는 공간이 가지고 있는 위압감에 화자가 눌리고 만 것이다. 아침의 초심이 무너지면서 "의자에 굳어지는 몸" "다루기 힘든 목소리와 표정" 그리고 "옆 사람의 얼굴을 보고 손이 굳는" 현상이 발생한다. 그러자 "화살처럼 오가는 말 사이 / 눈빛은 화살을 쏘아댄다" 이쯤 되면 새벽 산책길에서 가진 새털 같은 초심은 사라지고 하루가 전쟁처럼 전투로 변하고 만다. 인간이 살아가는 세계는 워낙 다양한 사람들이 살아가는 공간인 까닭에 상식을 벗어난 일들이 수없이 발생한다. 그래서 "색안경을 쓰고 다니는 / 사람의 마음 알기가 어려운" 것이다. 그렇기 때문에 누구나 "아침의 신선한 공기가 / 저녁에도 같은 느낌으로 하루를 보내는 것은 / 보석이 들어있는 운 좋은 날" 마시는 커피 같은 것인 것이다. 어떻게 하든 하루 종일 좋은 마음으로 세상을 살아가고 싶은 화자의 마음이 시 전편에 깃들어 있는 작품이다.

3.

서정시의 핵심에는 '사랑'이 자리 잡고 있다. 성경에서도 "그 중에 제일은 사랑"이라는 말 있듯이 인간이 살아가는데 가장 필요한 덕목은 사랑이지만, 그러나 우리가 살아가는 현실에서는 사랑의 결핍으로 인한 여러 가지 부정적인 결과를 초래하고 있는 실정이다. 홍기선 시인의 시편들에서는 에로스적인 사랑을 노래한 시편과 더불어 생을 살아가는데 원동력으로써의 사랑을 탐구하고 있다. 먼저 에로스적 경향의 시편부터 살펴본다.

그대를 사랑한다는 것은
가을 하늘 높이 떠가는 비행기를
바라보다가 생각이 나고
성냥개비 불로 그대의 얼굴을 보다가
꺼지면 다시 켜서 보는 것,
가까이서 그대 얼굴을 보다가
그대 입술에 살짝 입 맞추는 것이지요

그대의 잠든 모습이 추워 보이면
얇은 이불을 덮어주는 것이요

그대가 감옥에 갈 일이 있어도
그대를 위해 대신 갈 준비가 되어 있지요

그대를 위해
죽음이라도 대신 할 수만 있다면
그 사랑 영원 하지요

사랑한다는 것은
내가 당신이 되는 것이지요.
-「사랑한다는 것은」 전문

사랑의 힘은 참으로 위대한 것이어서 불가능한 것을 가능하게 하는 힘이 있다. 또한 사랑은 상대에 대한 커다란 관심이어서 자꾸 그리워하는 마음이 깃들어 있다. "그대를 사랑하는 것은 / 가을 하늘 높이 떠나가는 비행기를 / 바라보다가 생각이 나고 / 성냥개비 불로 그대의 얼굴을 보다가 / 꺼지면 다시 켜서 보는" 마음이 사랑이다. 여기에서 '바라본다'는 마음과 정서에는 한정 없는 자비심과 측은지심이 깃들어있고 둘이서 하나가 되고 싶은 욕망의 분출이다. 그래서 마침내 사랑은 서정시의 본질처럼 동일성을 추구한다. 그러기 위해서는 자비심과 측은지심과 더불어 애틋한 마음이 필요하다. 이러한 마음의 표현으로서 "그대 입술에 살짝 입 맞추는 것"이다. 이로써 대상과의 하나 된 마음을 확인할 수 있다. 자비와 측은지심과 애틋한 마음인 사랑은 "그대의 잠든 모습이 추워 보이면 / 얇은 이불을 덮어주는 것"이며 "그대가 감옥에 갈 일이 있어도 / 그대를 위해 대신 갈 준비가 되어 있"는 커다란 희생정신이 바로 사랑의 본질이다. 이처럼 사랑을 하게 되면 용기가 생기기 마련이어서 "그대를 위해 / 죽음이라도 대신할 수만 있다면 / 그 사랑 영원 하"다고 한다. 이러한 마음을 지닌 사랑은 마침내 "사랑한다는 것은 / 내가 당신이 되는 것"이라고 진술하듯이 앞에서 말한 것처럼 서정시가 추구하는 동일성을 완성하는 일이기도 하다.

그러나 사랑이 이루어지기까지는 쉽지가 않다. 사랑은 두 사람의 마음이 하나가 되었을 때 가능하기 때문이다.

생각이 난다더라
한참을 주머니 속에서
움직이지 못 하겠더라
외로움이 일어나
이불 속에서
몇 번이고 보더라
발신 버튼을 누르지 못하고
수정을 해놓고
보내지 못 하더라
좋아했다고 써놓고
잊지 못하겠다더라
발리섬에서 망고의 맛을 상상을 해본다
거리에서 우연히 마주침을
3일 동안 잠을 자더라
지우지 못해 지난날들과.

-「이렇게」 전문

누군가에게 자신의 마음을 전하지 못하는 마음은 애가 타는 일이다. 그래서 "한참을 주머니 속에서 / 움직이지 못하겠더라"는 고백처럼 두렵고 용기가 있어야 한다. 전화를 통해 마음을 전하는 용기가 쉬운 일이 아니기 때문이다.

이처럼 애타는 마음은 “외로움이 일어나”고 “이불 속에서 / 몇 번이고” 전화기를 만지작거리게 한다. 몇 번이고 망설이다가 “발신버튼을 누르지 못하고” 메시지를 “수정해 놓고 / 보내지 못”한다. “좋아했다고 써놓고 / 잊지 못하겠다”고 메시지를 쓰기도 하지만 끝내는 사랑의 메시지를 보내지 못하는 마음은 애가 탈 것이다. 그런데 이 작품 속의 화자와 시적 대상은 “발리섬에서 망고의 맛을 상상을 해본다” 두 사람에게 두슨 사연이 있었음을 유추하게 한다. 그런 까닭에 “잊지 못하겠다더라”는 화자의 진술이 있는 것이다. 이렇듯 어려운 사랑은 “거리에서 우연히 마주침을 / 3일 동안 잠을 자”게 한다. 지우지 못하는 지난날의 어떤 사연이 있었는지는 알지 못하지만 여전히 상대를 그리워하고 사랑하는 마음은 순수하고 맑은 것이 아닐 수 없다. 이는 아직도 누군가를 진심으로 사랑하기 때문이다.

다음의 「눈이 달린 손」은 앞에서 보았던 에로스적인 사랑이 아니라 한 번 뿐인 삶을 살아가면서 살면서 마주치는 사람들에게 어떻게 대하고 마음을 지녀야하는지를 말하는 삶의 자세에 관한 사랑하는 마음을 노래하고 있다.

빵을 굽는다
악기를 연주한다
꽃에 물을 준다
마음이 눈과 머리가 풀을 뽑을 수 있나

손을 잘 탄다는 말은 경계대상이고

주름은 집적된 자산이며
손이 크면 가난함을 아는 사람이다

고독과 외로움을 들어주는
트로피를 올려야
행복의 표현을 가슴으로 표현할 수 없지

한번뿐인 생애
머리가 결정한다고 생각하는데
이 봉지 저 봉지에 담아
정을 담아주는 것

손에는 청양고추 매운 사랑이 들어있다.
-「눈이 달린 손」 전문

시제가 말하듯 '눈이 달린 손'은 어떤 손일까? 만물의 영장이라는 인간은 짐승들이 발로만 존재하는 앞발을 손으로 만들어 그 손으로 만지고 무엇인가의 행위를 하는 주체여서 보다 의미가 깊다 하겠다. "빵을 굽는" 것, "악기를 연주"하는 것, 심지어는 "꽃에 물을" 주는 것은 모두가 손이 있어 가능한 일이다. 마음이 있어도 손이 없다면 "눈과 머리가 풀을 뽑"지 못하지만 손은 직접 행위를 통해 사랑을 실천할 수 있다.

그런데 우리는 흔히 "손을 잘 탄다"는 말을 한다. 또는 "손이 크면 가난함을 아는 사람"이라는 말도 한다. 이는 손을 통해 부정적인 일도 일어나기도 하지만 손이 있어 가난하지만 가난한 사람들에게 풍족함을 주어 사랑을 실천하기도 한다. 만약에 "고독과 외로움을 들어주는 / 트로피를 올려야 / 행복의 표현을 가슴으로 표현할 수 없지만" 손이 있어 트로피를 올릴 수 있을 때 행복해질 수 있는 것이다. 인생은 단 한 번뿐이어서 다시는 돌이킬 수 없다. 그렇기 때문에 "머리가 결정한다고" 흔히 생각하지만 "이 봉지 저 봉지에 담아 / 정을 담아 주는 것"은 손이 있어 가능하며, 그러므로 우리는 '손'을 '사랑'이라고 말해야 한다. 그래서 화자는 "손에는 청양고추 매운 사랑이 들어있다."고 말한다. 사랑을 손으로써 완성할 수 있다고 믿는 까닭이다.

4.

근대의 시작은 신 중심 사회에서 인간 중심 사회로의 전환에서부터 시작되었다. 중세사회에서는 오직 신(神)이 최고의 지존이었다. 오직 절대자 신을 찬양하고 그것을 위해 인간은 살아야 했다. 그러나 중세사회가 붕괴되기 시작한 것은 이른바 '인간의 발견' 때문이었다. 신을 위해 살아가는 인간 존재에 대한 회의를 하면서 신이 인간을 위해 존재해야 한다는 것을 발견을 하게 된 것이다. 그러나 근대에 와서 인간은 산업혁명을 일으키고 문명을 발전시키면서 인간 이외의 자연에게는 관심을 갖지 못했다. 오히려 자연을 물질적 가치로 인식했다. 근대의 모순이 드러나기 시작한 것이다. 근대를 부르짖던 인간은 이제 탈근대를 생각한다.

산책을 한다
먼 곳을 보니

발밑을 살필 여유가 없다

신호등 앞에서 발끝을 본다
개미 두 마리 신발을 겨우
비켜 지나간다.

-「아찔함」 전문

아주 짧은 작품이지만 인간이 자연을 어떻게 여기는지를 짐작할 수 있는 탈근대의 정신이 투사되어있다.

화자는 "산책을 한다 / 먼 곳을 본다" 그러다보니 "발밑을 살필 여유가 없다" 그런데 "신호등 앞에서" 다행스럽게 "발끝을 본다 / 개미 두 마리 신발을 겨우 / 비켜 지나간다." 시제처럼 아찔함을 느끼는 순간이다. 하마터라면 하찮은 미물로 여기는 개미지만 생명의 등가를 따지자면 인간의 목숨과도 다를 바 없는 개미의 생명을 발로 밟아 죽일 뻔 했으니, 다행스럽게 개미들을 발견하고 살려냈으니 이 '아찔함'은 생명성을 앙양하고 옹호하는 시인의 마음이 투사된 것이라고 할 수 있다. 다음의 작품은 위의 작품과는 상황이 조금 다르지만 역시 생명성을 옹호하는 시인의 마음이 곁들어 있다.

효천역 주차장 도로변
흙더미 옆에

작은 눈 하나

사람들이 눈길을 주지 않아도
난간을 잡고
여름을 버틴
해바라기 한 그루
캄캄한 어스름을 친구로 하고
가끔 오가는 시선을 저장하더니
황금빛 큰 쟁반 같은 얼굴
대박을 낳았네

-「관심 없어도」 전문

화자는 "효천역 주차장 도로변 / 흙더미 옆에" 있는 "작은 눈 하나"를 바라보고 있다. 사람들이 관심을 주지 않고 쉽게 지나칠 수 있는 일이지만 화자는 그것을 바라보고 있는 것이다. "사람들이 눈길을 주지 않"는 상황이지만 "난간을 잡고 / 여름을 버틴 / 해바라기 한 그루"가 자라고 있다. "캄캄한 어스름을 친구로 하고 / 가끔 오가는 시선을 저장하더니" 마침내 "황금빛 큰 쟁반 같은 얼굴"로 성장하게 된다. 이런 모습을 화자는 "대박을 낳았네" 하면서 탄성을 지르지만 세상 사람들이 관심을 주지 않았어도 이를 지켜본 화자가 있었기에 어려운 환경 속에서도 잘 자라 활짝 꽃을 피운 해바라기 꽃의 끈질긴 생명성에 대해 화자는 커다란 감명과 함께 생명의 아름다움을 노래하고 있다.

아래의 「겨울을 앞두고」에서도 겨울이라는 열악한 환

경을 준비하며 생명을 지키고자하는 나무의 생명력을 옹호한다.

> 해팥, 해쑥, 해콩, 햇과일
> 올해 생산된 신선한 것들
> 햇감자가 냉장고에 들어오고
> 햅쌀이 거실에 들어와 들판 냄새를 풍긴다
>
> 부지런한 이들의 향연은 계절로 가고
> 나무를 쌓고 연탄을 들이던 풍습은
> 흑백 사진에 남아있고
> 두꺼운 옷에서 곰팡이 털어내고
> 검은색 정장과 외투의 먼지를 털어보는데
>
> 얼어 죽지 않으려
> 떨켜층을 만들어 잎을 떨어뜨리는 나무들
> 치유와 힐링을 주기 위해
> 한 아름 안고서 수고했다 하고서
> 하얀 비듬을 씻어내고
> 똘똘똘 물소리 들리는 겨울밤을 준비한다.
>
> -「겨울을 앞두고」 전문

늦가을이었거나 초겨울쯤이었을까. "해팥, 해쑥, 해콩, 햇과일" 등 "올해 생산된 신선한 것들 / 햇감자가 냉장고에 들어오고 / 햅쌀이 거실에 들어와 들판 냄새를 풍긴다" 한해의 농사가 끝나고 올해 생산된 곡식들을 집에 들여다 놓으니 들판 냄새가 나는 것이다. 이전에는 월동준비하기 위해 "나무를 쌓고 연탄을 들이"곤 했는데, 이제는 모두가 옛 일이어서 "흑백사진에 남아 있"는 풍경이다. 한편, "얼어 죽지 않으려 / 떨켜층을 만들어 잎을 떨어뜨리는 나무들"은 "치유와 힐링을 주기 위해 / 한 아름 안고서 수고했다 하고서 / 하얀 비듬을 씻어내고 / 똘똘똘 물소리 들리는 겨울밤을 준비한다." 겨울이 되면서 식물의 생장이 멈추기 위해서 "떨켜층을 만들어" 여름 내내 무성했던 잎새들 떨어뜨리는 것이 나무의 생존법이다. 나무들이 한창이던 여름에는 사람들에게 "치유와 힐링을 주"었지만 추운 겨울이 다가오자 살아남기 위해 겨울 준비를 하는 자연의 모습에서 생명의 존엄성과 아름다움을 느낀다.

5.

시인은 스스로 쓰고 싶은 것만 시로 형상화시키는가? 아니다. 일제강점기는 물론 군사독재시절에도 시인들은 이에 굴하지 않고 시를 써서 민중에게 깨우침을 주는 용기를 가졌다. 시가 현실을 반영하는 책무도 이런 상황을 두고 말했을 것이다. 가난하고 소외된 계층들의 어려움, 자신의 안위와 욕심만을 좇는 삼류 정치인, 땀 흘려 일하지 않고 부동산 투기로 졸부가 된 사람들의 이야기를 통해 우리 사회의 정의를 말할 줄 아는 사람이 시인이다. 이처럼 시인은 플라톤의 말처럼 추방되어야 할 대상이지만, 그러나 우리 사회는 여전히 시인들이 있어 우리 사회의 구석구석을 들여다보며 용기 있게 비판하고 고발할

줄 알아야 하는 시대이다.

단독 주택에
소나기가 내린다
순식간에 마당이 물바다가 되고
집 현관까지 물이 차오른다
소녀의 손가락이
막힌 빗물 구멍을 뚫는다
낙엽들이 소용돌이치며 구멍 속으로 들어가며
휙휙 소리를 낸다
손가락을 빨아들여 어깨까지 들어간다
엄마한테 전화할 시간이 없다
얼굴엔 홍조가 띄어 당황한다
현관 물이 줄어들기 시작한다
비가 그친다
구멍 주변에는 쓰레기 파편들이
패잔병의 옷가지와 전투식량 껍질처럼 널브러져 있다
손을 씻는다
저녁이다
쌀을 씻는 아홉 살 푸른 나뭇가지의
작은 손이 클로즈업 된다.

-「책임감」 전문

이 작품은 시제가 암시하듯 '책임감'을 노래한 시편이다. 소나기가 한바탕 내리자 순식간에 단독주택 마당까지 물바다가 되고 물이 현관까지 차오르는 상황이다. 이럴 때면 몹시 당황하여 속수무책일 수도 있다. 이 집에는 아홉 살의 어린 소녀만이 혼자서 집을 지키고 있었다. 소녀는 순식간에 집안에 물이 차오르자 오직 손가락으로 빗물이 막힌 구멍들을 뚫는다. 낙엽들이 막고 있던 구멍이 뚫리자 "낙엽들이 소용돌이치며 구멍 속으로 들어가며 / 휙휙 소리를 낸다" 마치 "손가락을 빨아"들일 것 같고 "어깨까지 들어간다" 어른들한테 연락을 취해 위기를 극복해야겠지만 전화할 상황이 아니다. 아이는 당황한다. 그런데 "현관의 물이 줄어"들기 시작한다. 한바탕 소동을 일으킨 소나기가 그치고 "구멍 주변에는 쓰레기 파편들이 / 패잔병의 옷가지와 전투식량 껍질처럼 널브러져 있다" 그제야 아이는 "손을 씻는다" 때는 저녁 무렵이다. 이 작품은 아홉 살 어린 소녀가 소나기로 갑자기 물바다가 된 열악한 단독주택에서 물구멍이 어깨까지 끌어들일 것 같은 무서운 상황이 벌어지지만 어른들도 없이 혼자서 위기를 해결하는 모습을 보여주고 있다. 흔히 가난한 집 아이들이 일찍 철든다는 말처럼 부모가 집을 비운 사이 물난리를 극복하고 저녁때가 되자 가족의 저녁식사를 위해 "쌀을 씻는 아홉 살 푸른 나뭇가지의 / 작은 손이 클로즈업 된다."고 하였는데 부모님이 있지만 일하러 나가 혼자서 집안일을 살피는 경우는 많다. 한창 뛰어놀고 부모의 사랑을 차지해야 할 나이에 일찍 철든 아이에게서 왠지 슬픔이 느껴진다.

다음의 「삼류 정치인」은 오늘날 누구나 인식하고 있는 정치인들의 모습이다. 정치가 국민들의 의식을 좇아가지 못하는 현실을 적나라하게 보여준다.

기억이 없습니다
성실히 조사를 받겠습니다
뒷문으로 들어갔다가 걸리면 묵묵부답

기억이 없습니다
난 알지 못하는 내용인데
아내가 한 것, 보좌관이 한 일인 듯
핑계로 일관 그때는 현답이다
뻔한 거짓말

엄마찬스, 아빠찬스를 최대이용
공무원, 취재원에 갑질
청탁 이권에 젓가락 놓기 경쟁
갑질의 대가는 차기 선거다

당선 전에는 굽신 당선 후에는 뻿뻿
육사 생도가 따로 없다

당과 당이 서로를 당긴다
진실은 하나인데 사실만
당기다 줄이 끊어져 쓰러진다.

-「삼류 정치인」 전문

이 작품에 서술된 문장들은 너무나 낯익고 뻔뻔한 것들이다. 가령 검찰에 나가면서 포토라인에 서서 "기억이 없습니다. / 성실히 조사를 받겠습니다" 그런데 기억에 없던 사실은 사실로 나타나는 경우가 대부분이다. 때로는 "난 알지 못하는 내용인데 / 아내가 한 것, 보좌관이 한 일인 듯 / 핑계로 일관 그때는 현답이다 / 뻔한 거짓말"이다. 뿐만 아니라 흔히 "엄마찬스, 아빠찬스를 최대 이용 / 공무원, 취재원에 갑질 / 청탁 이권에 젓가락 놓기 경쟁" 이른바 갑질들이다. 그러나 국민들은 "갑질의 대가는 차기 선거다"며 벼르지만 "당선 전에는 굽신"하던 사람도 "당선 후에는 뻣뻣"하여 국민 위에서 군림한다. 그리고 국민들의 눈높이에 이르지 못한 정치는 "당과 당이 서로를 당긴다 / 진실은 하나인데 사실만 / 당기다 줄이 끊어져 쓰러진다" 이 작품은 한심한 우리 정치현실을 적나라하게 보여주고 있다. 이러한 상황을 시(詩)가 어떻게 변화를 이끌기는 쉬운 일이 아니지만 시인이라면 용기 있게 모순과 부조리에 빠진 정치인들을 비판하여 심판받도록 해야 함은 당연한 일이다.

다음의 「8분 46초」는 세계에서 가장 민주주의가 발달한 미국에서 벌어진 사건이어서 더욱 충격적이다. 시인은 아주 짧은 시이지만 강한 메시지를 보내고 있다.

> 흑인 젊은이 조지 플로이드가
> 미국 경찰의 발바닥에 짓눌렸다
> 숨이 막혀요!
> 숨을 쉬고 싶어요!
> 정말 숨이 막혀요!
> 거짓말이다!
> 정말 일까 의심쩍은데?
> 숨을 쉬고 싶어요!!!
> 마지막 절규 위에

아이의 눈빛이 어른거린다
망고가 비닐봉지에서 나와 뒹군다
과즙이 청년을 본다
단맛은 아스팔트의 몫

-「8분 46초」 전문

"흑인 젊은이 조지 플로이드가 / 미국 경찰의 발바닥에 짓눌렸다" 이 모습은 우리나라 텔레비전을 통해 모든 국민이 보았다. 경찰이 젊은 흑인의 목을 군홧발로 짓누르자 "숨이 막혀요! / 숨을 쉬고 싶어요!"라고 살기 위해 소리치지만 경찰은 "거짓말이다!"라고 흑인청년의 말을 믿지 않지만 흑인청년은 "숨을 쉬고 싶어요!!!" 절규하다가 숨을 거두고 만다. 흑인청년은 죽어가면서 "아이의 눈빛이 어른거"렸을 것이다. 아이에게 줄 "망고가 비닐봉지에서 나와 뒹"구는데 마침내 다시는 돌아오지 못할 길로 떠나고 말았다. 이 사건으로 인해 미국 흑인들이 일어나 인권을 부르짖었지만 그 때 뿐 여전히 미국에서 악순환되고 있는 사건이다. 시인은 바다건너 머나먼 미국에서 일어난 국가공무원인 경찰이 무고한 국민의 목을 발로 누르는 만행으로 목숨을 잃는 현실을 통해 우리에게 어떤 메시지를 보내고 싶었을지 짐작이 간다.